DIE FANS DER CUTE PETS PARTY

FÜR MEINEN EHEMANN

DIE PARTY

BAD PET HAT ALLE ÜBERRASCHT. ER HAT DAS NILPFERD EINGELADEN, DAS FÜR EIN SOZIALES PROJEKT IN EINE FERNE STADT GEZOGEN IST. DA BAD PET NUN EIN JAHR MITGLIED DER CUTE PETS IST, HAT ER EINE PARTY ORGANISIERT.

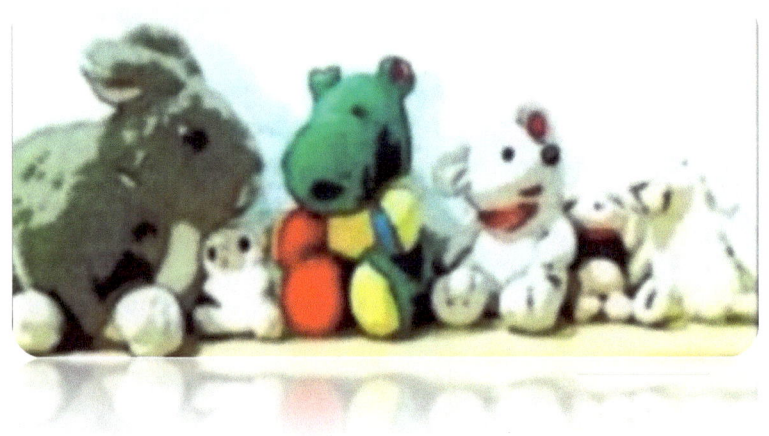

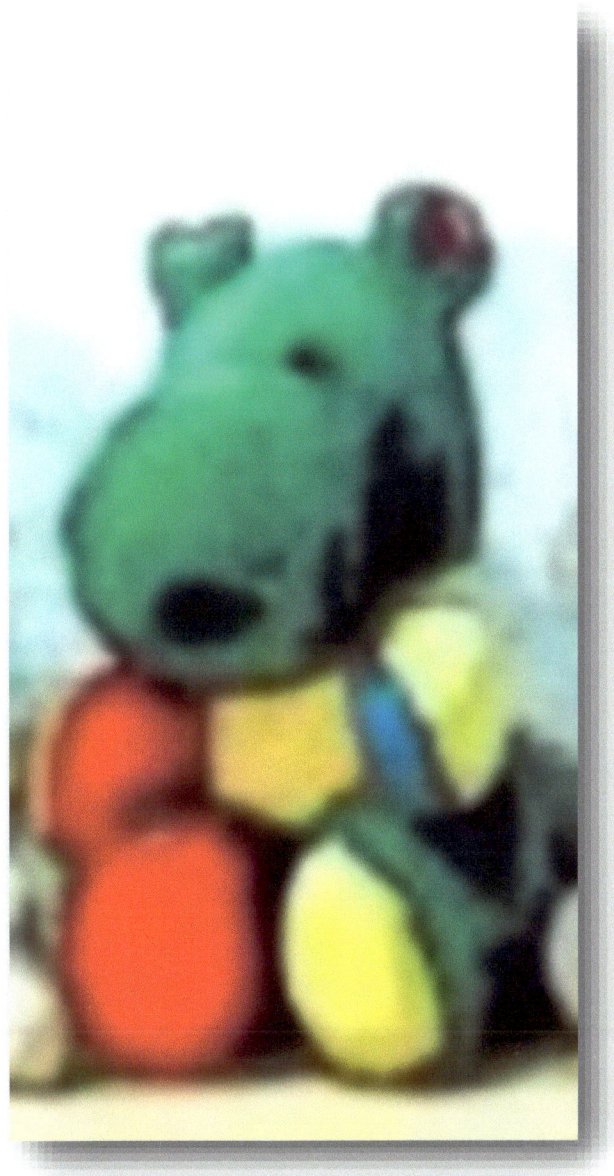

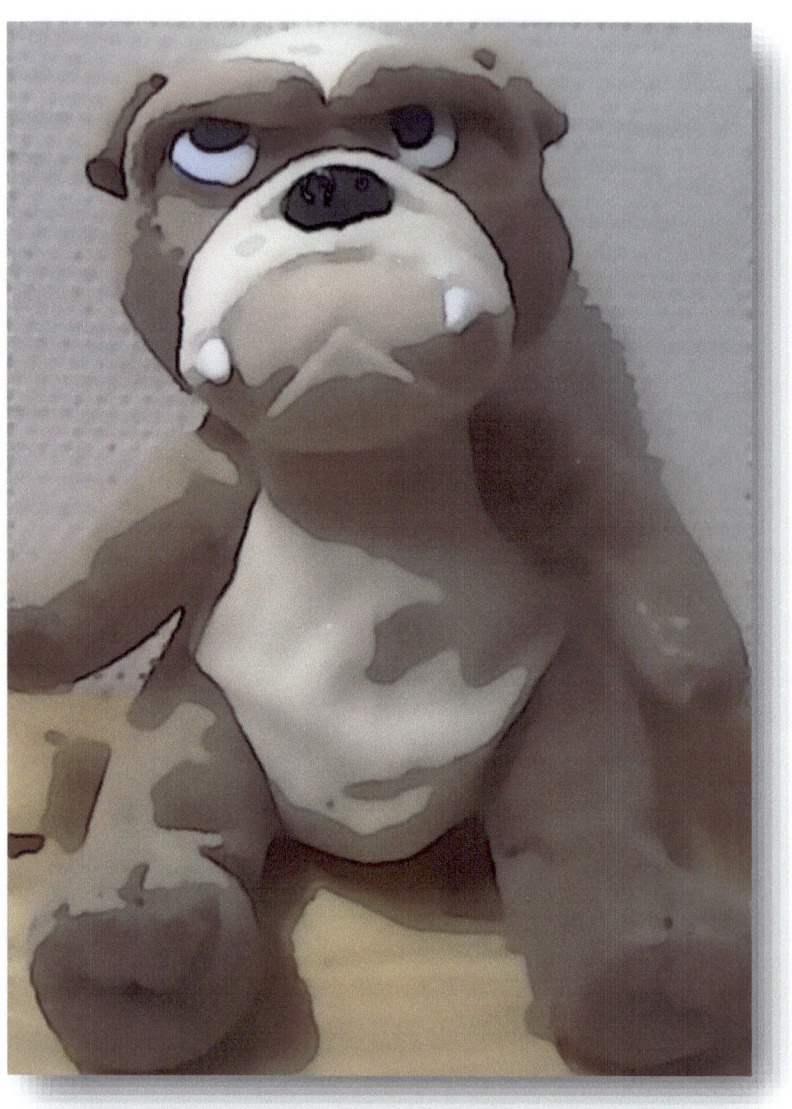

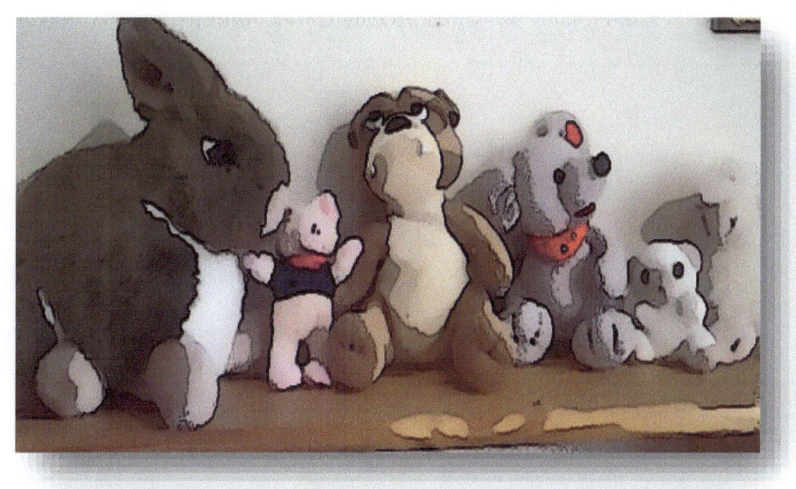

FREUNDE REISEN AN

ZUR PARTY HAT BAD PET AUCH FREUNDE EINGELADEN, DIE TREUE FANS DER CUTE PETS SIND. SINA IST AUCH DABEI, DER STAR AUS DER 10 TEILIGEN KINDERBUCHREIHE „SO ISSES". DAS NILPFERD HAT GESCHENKE MITGEBRACHT UND SINA SINGT MIT DEN CUTE PETS.

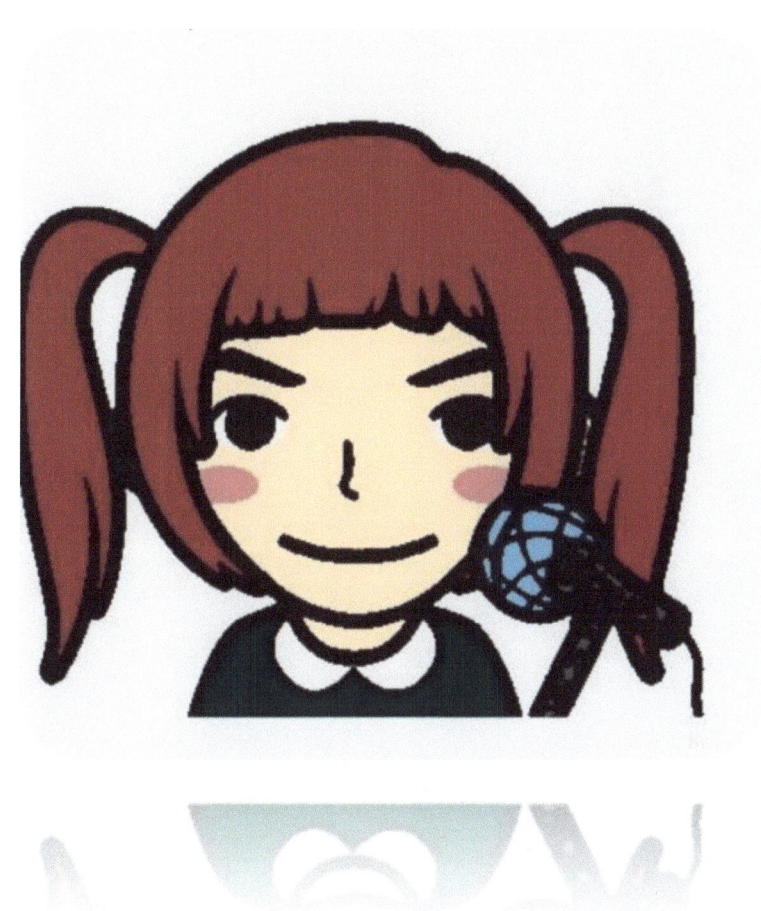

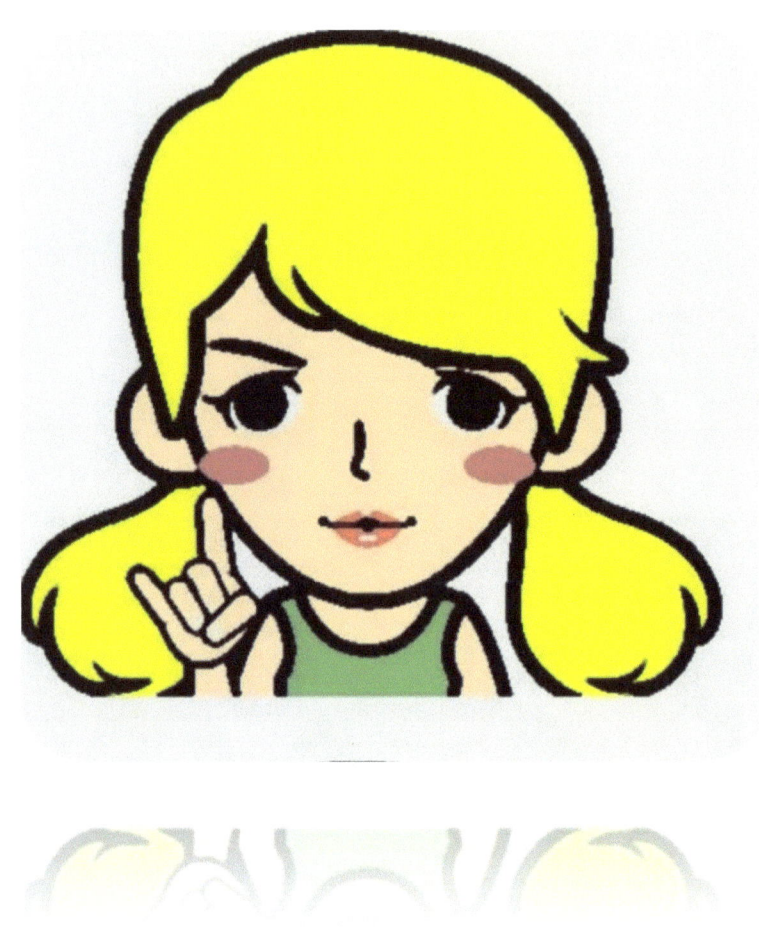

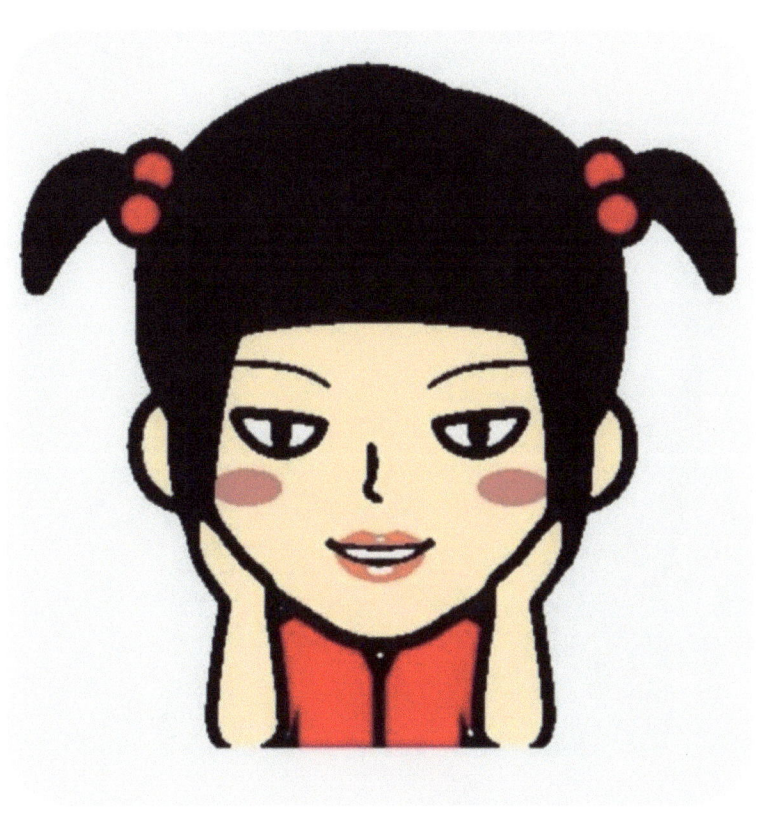

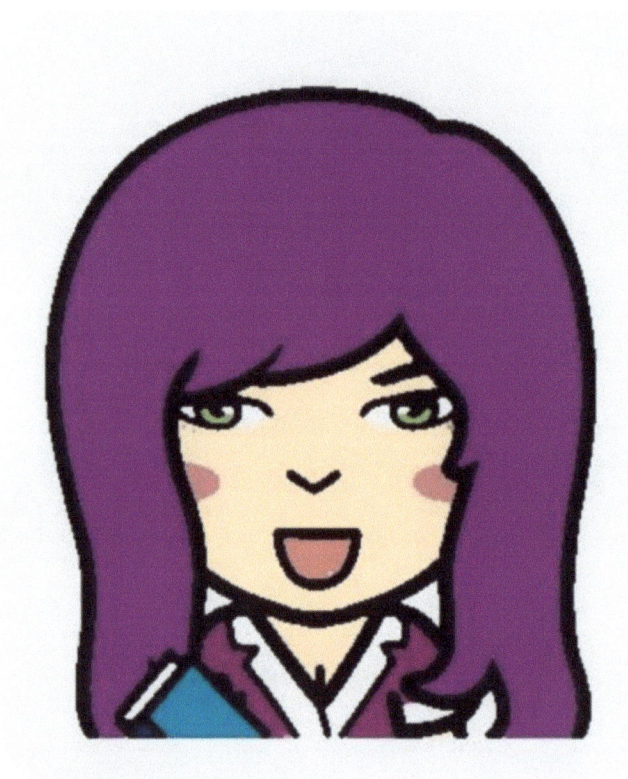
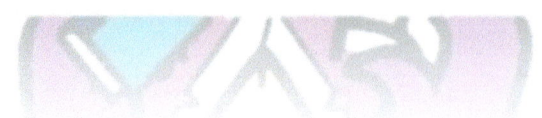

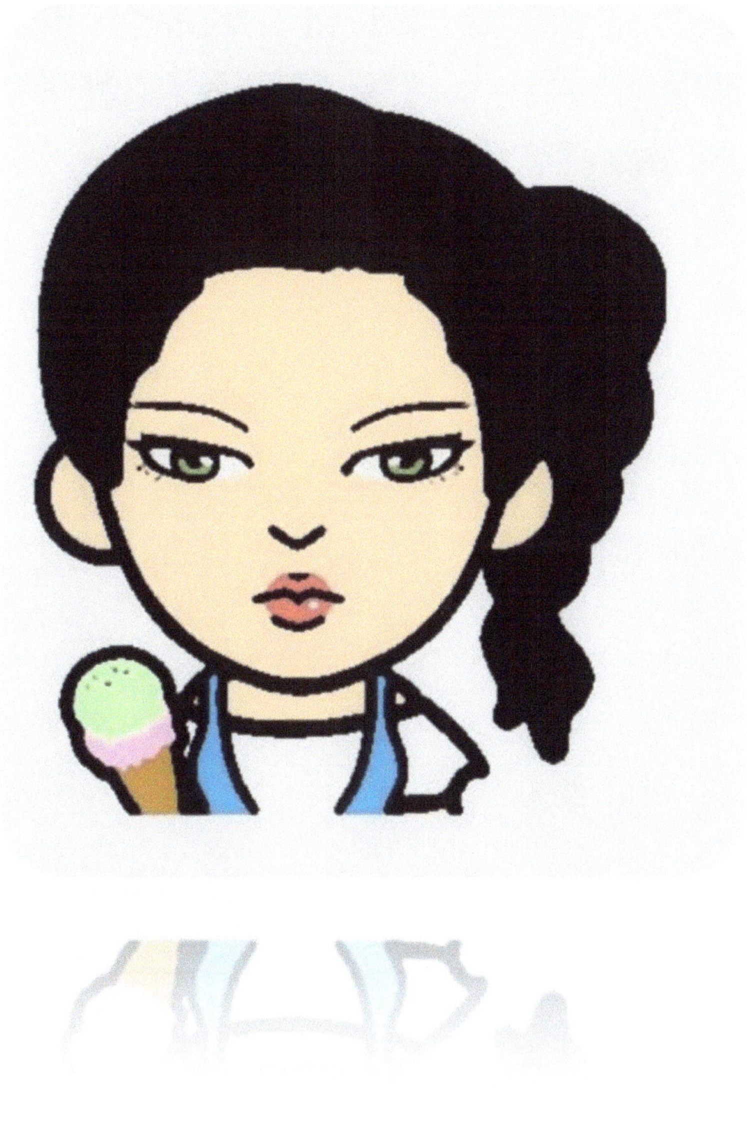

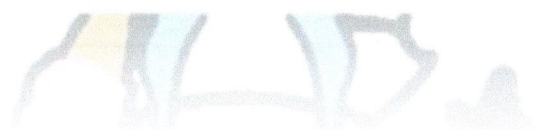

KITTY UND MAEHI SIND FÜR DIE FOTOS ZUSTÄNDIG. SIE WERDEN IM INTERNET GEPOSTET.

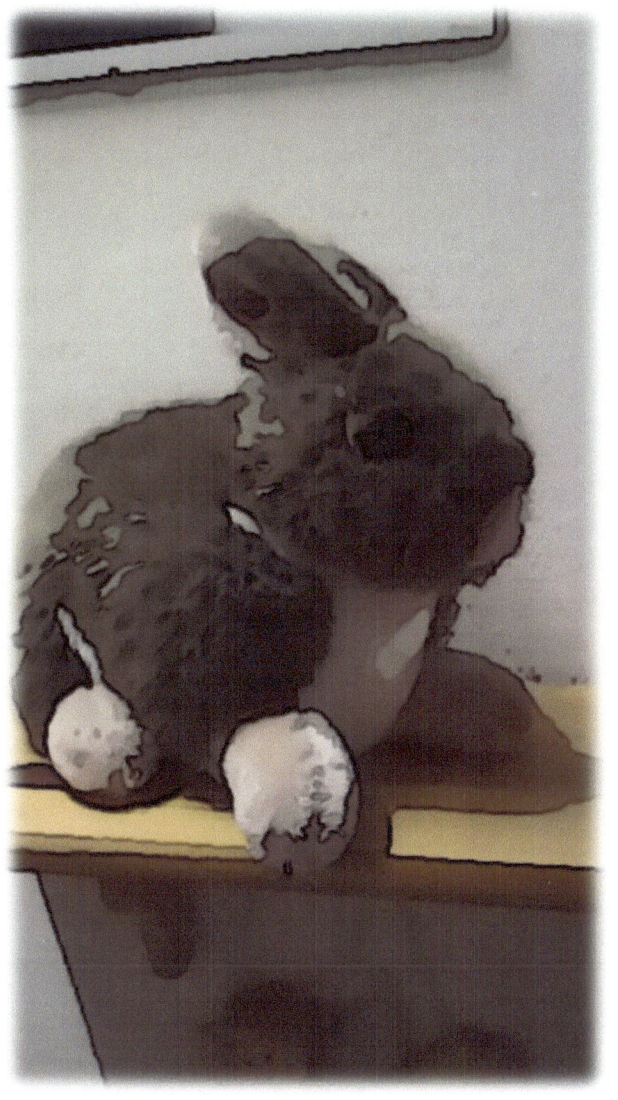

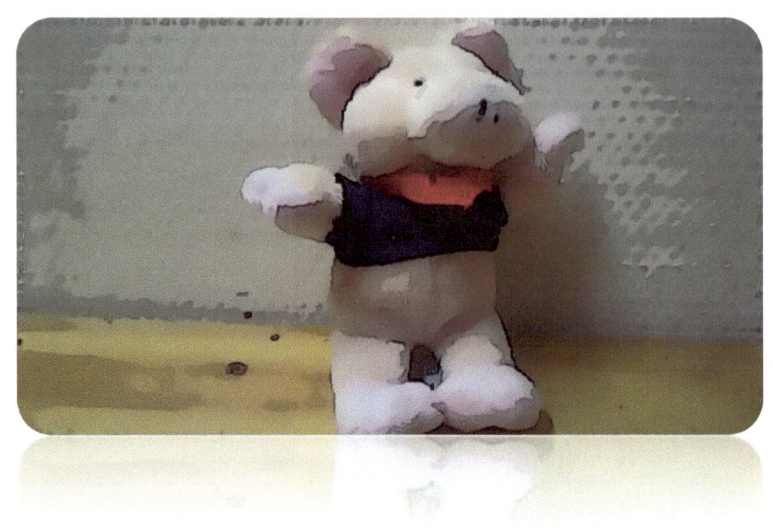

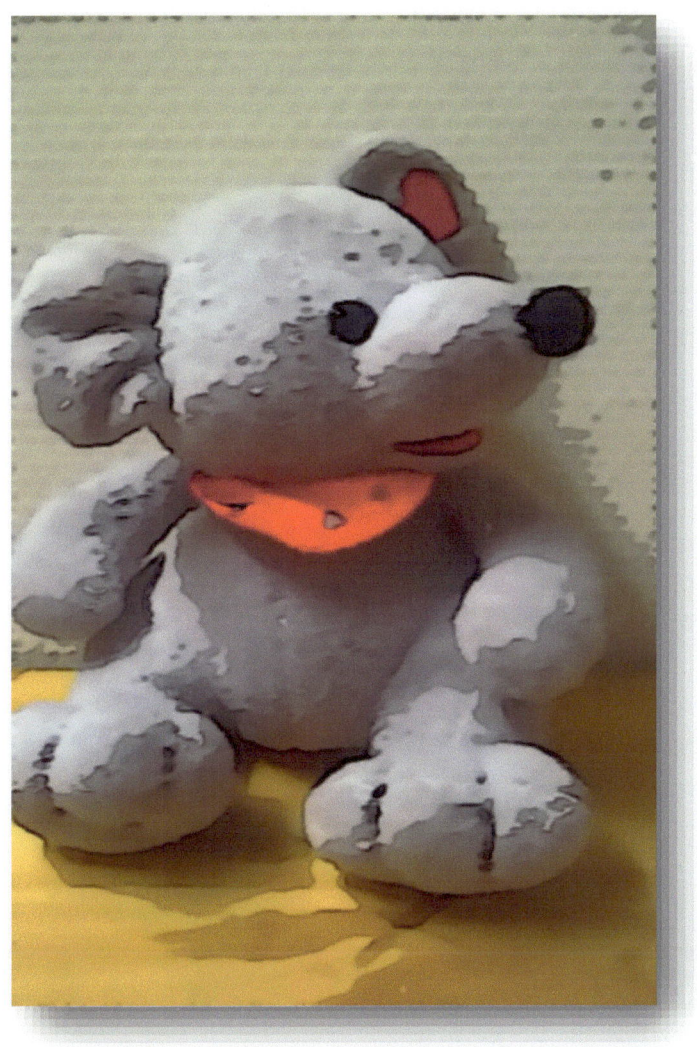

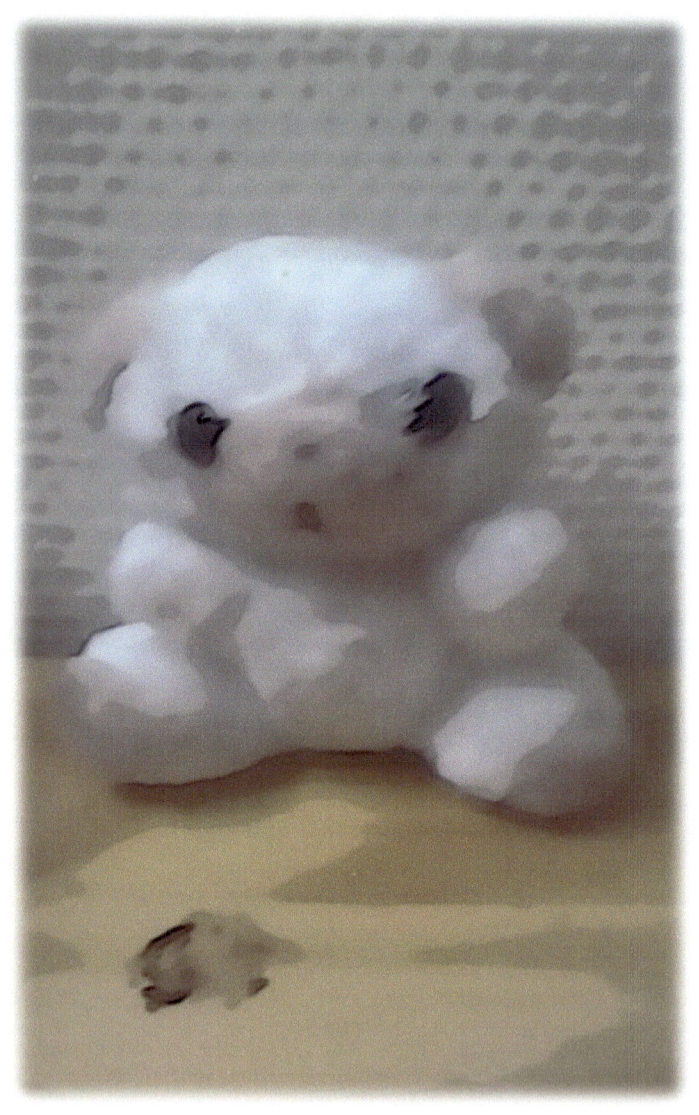

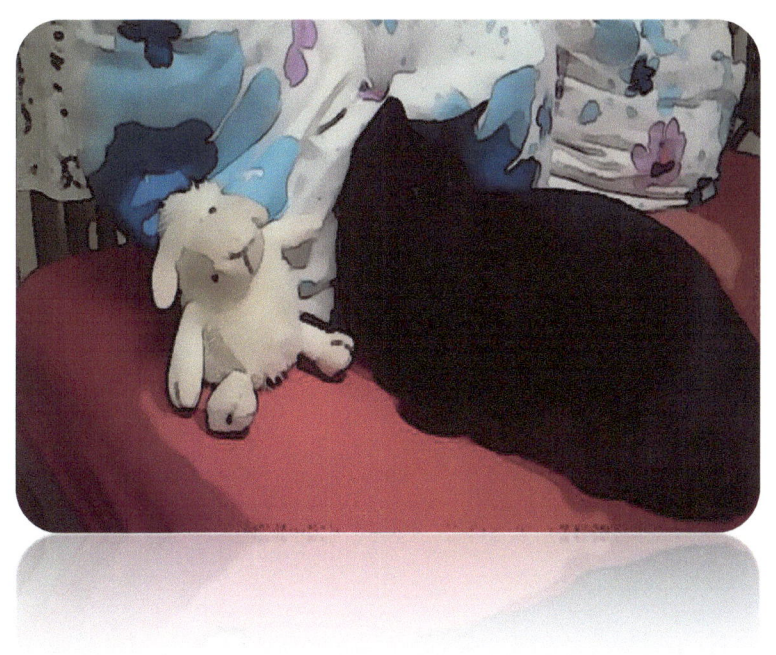

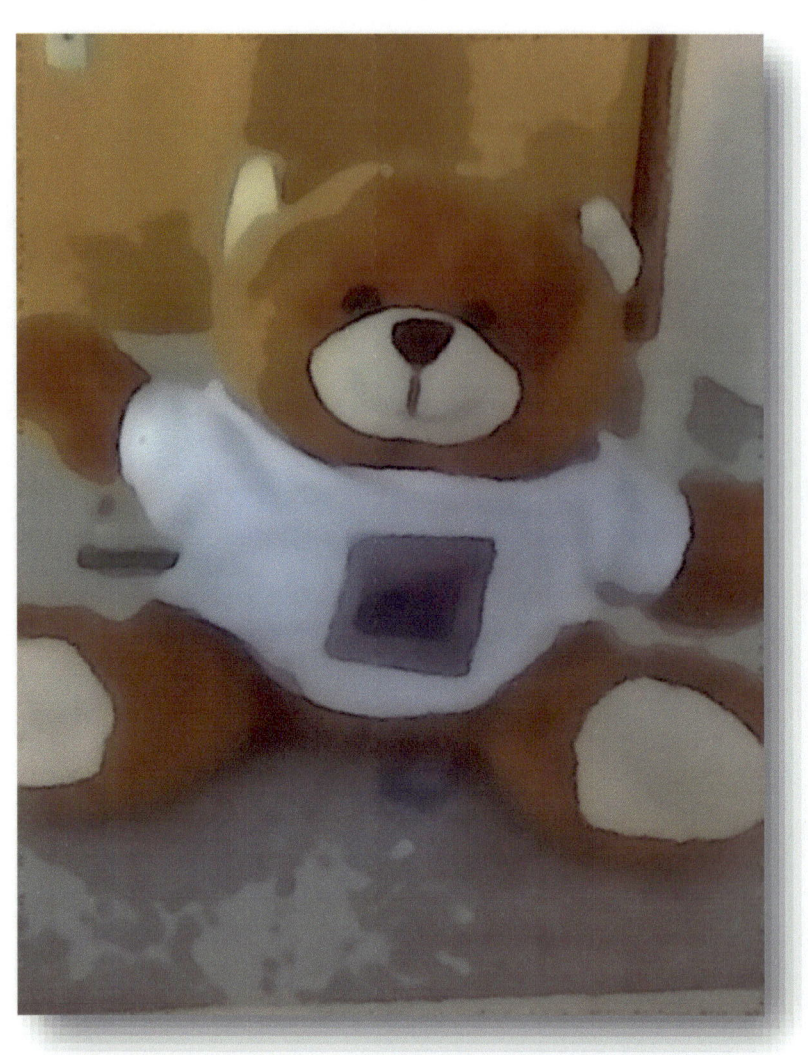

BESONDERS DANKE ICH MEINEM EHEMANN

23